AF460948

INVENTAIRE
V35553

L'IMPOT

ET

LES ASSURANCES

SUR LA VIE

PAR

ALFRED DE COURCY

PARIS
ARMAND ANGER, LIBRAIRE-ÉDITEUR
48, RUE LAFFITTE, 48
1875

L'IMPOT

ET

LES ASSURANCES

SUR LA VIE

53

©

L'IMPOT

ET

LES ASSURANCES

SUR LA VIE

PAR

ALFRED DE COURCY

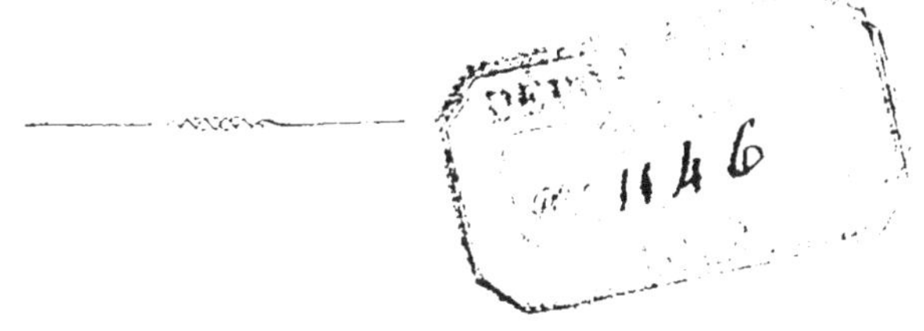

PARIS

ARMAND ANGER, LIBRAIRE-ÉDITEUR

48, RUE LAFFITTE, 48

1875

L'IMPOT

ET

LES ASSURANCES SUR LA VIE

Dans le cours de l'année 1863, un projet de loi était soumis à l'examen du Conseil d'État, proposant de frapper d'un droit de 6 00/00, un peu plus de 1/2 0/0, tous les encaissements de primes d'assurances sur la vie.

Je publiais aussitôt et faisais distribuer aux membres du Conseil d'État un mémoire où je combattais ce projet. J'établissais :

1° Que l'institution des assurances sur la vie commençait à peine à pénétrer dans les mœurs françaises, après quarante ans d'efforts presque stériles, et qu'il serait d'une mauvaise politique, au point de vue des intérêts sociaux, de paralyser par des exigences fiscales l'essor de cette institution bienfaisante, plutôt digne de tous les encouragements du gouvernement;

2° Que le produit de l'impôt serait d'ailleurs exigu, hors de toute proportion avec le trouble qu'il apporterait dans le développement de l'institution;

3° Que l'intérêt même financier de l'État est de favoriser et non d'entraver le développement de l'institution, les Compagnies d'assurances sur la vie, par leurs achats incessants de rentes qu'elles ne revendent jamais, devant devenir en France ce qu'elles étaient déjà en Angleterre, les plus fermes soutiens du Grand-Livre et du crédit public;

4° Que toute taxe fiscale, frappant les assurances sur la vie contractées en France, est une prime offerte à la concurrence des Compagnies étrangères, un encouragement donné à l'émigration des assurances sur la vie des citoyens français et des étrangers résidant en France, pour le plus grand profit du crédit public des nations étrangères.

Ces observations furent entendues. Le projet de loi fut abandonné.

En 1871, au lendemain de nos désastres, alors qu'on recherchait tous les moyens de grossir les ressources du Trésor, les considérations qui avaient prévalu en 1863 parurent n'avoir rien perdu de leur puissance. Les événements avaient d'ailleurs complétement arrêté les progrès de l'institution, et causé aux Compagnies d'immenses préjudices. Aussi, le gouvernement ayant résolu de demander des ressources nouvelles aux assurances contre l'incendie et aux assurances maritimes, qui avaient beaucoup moins souffert, l'Exposé des motifs de la loi de finances du 23 août 1871 s'exprima comme suit :

« Il nous a paru que certaines assurances » devaient rester placées sous le régime » fiscal actuel. Telles sont, par exemple, » les assurances sur la vie. »

Ainsi rassurée, l'institution reprit un essor assez rapide. Toutefois, il y eut ceci de remarquable, que la concurrence étrangère s'arma, pour combattre les Compagnies françaises, des malheurs mêmes de notre pays, et s'en fit un argument trop tristement persuasif. Il a été douloureux d'entendre les Compagnies étrangères publier, répandre, colporter par leurs nombreux agents le raisonnement suivant : L'état troublé de la France, l'incertitude de son avenir, les atteintes portées à son crédit, celles qui le menacent encore, ôtent toute sécurité à des engagements pris pour un aussi long terme que celui des assurances sur la vie. Déjà le portefeuille des Compagnies françaises ne contient que des valeurs dépréciées. Pour assurer l'avenir de vos enfants, adressez-vous donc *de préférence* aux Compagnies anglaises, suisses ou américaines, *précisément* parce qu'elles ne sont pas françaises. Les intérêts qui vous sont chers en seront d'autant mieux protégés.

Le patriotisme ne suffit pas toujours à réfuter cette argumentation. Des pères de famille qui hésiteraient à déplacer des fonds pour acheter des valeurs étrangères se laissent persuader de confier du moins à des Compagnies étrangères les économies de leur sollicitude, et la lutte contre la concurrence de l'étranger est devenue la principale difficulté des Compagnies françaises.

C'est en cet état de choses que M. le Ministre des finances, dans un projet de loi présenté le 11 janvier dernier à l'Assemblée nationale, propose de frapper d'un impôt nouveau les assurances sur la vie. Quand je dis d'un impôt nouveau, je me trompe, il s'agit de deux impôts très-distincts, l'un sur le paiement des primes annuelles, l'autre sur le remboursement des indemnités acquises par décès, plus, d'un troisième impôt sur les constitutions de rentes viagères. Tout cela est contenu en deux courts articles que je vais transcrire. Les Compagnies étrangères se réjouissent vivement déjà de la proposition et s'apprêtent à l'exploiter.

Voici les deux articles du projet de loi qui concernent les assurances sur la vie :

« Art. 10. — Il est établi, sur le montant

des primes et capitaux reçus annuellement par les Compagnies d'assurances sur la vie, une taxe de un pour cent, moyennant le paiement de laquelle la formalité de l'enregistrement sera donnée gratis toutes les fois qu'elle sera requise.

» Sont applicables à la perception de cette taxe les dispositions des articles 7 à 10 de la loi du 23 août 1871.

» Art. 11. — Sont considérés, pour la perception du droit de mutation par décès, comme faisant partie de la succession d'un assuré, les sommes, rentes ou émoluments quelconques dus par l'assureur, à raison du décès de l'assuré. »

Je considère comme hors de doute que la taxe de l'article 10 ne serait perçue que *sauf recours par les assureurs contre les assurés*. Le législateur ne peut pas songer à détruire l'économie des tarifs des Compagnies, tarifs imposés par le décret qui les autorise, en risquant de détruire la sécurité de leurs engagements. Je considère également comme certain que *les contrats de réassurance ne seraient pas assujettis à la taxe, à moins que l'assurance primitive, souscrite à l'étranger, n'eût pas été soumise au droit.* La loi du 23 août 1871, qui frappe d'une taxe les assurances maritimes et contre l'incendie, contient les dispositions que je viens de souligner; mais elles sont contenues dans l'article 6, non dans les articles 7 à 10 visés ci-dessus. Il y aurait donc ici une véritable lacune de rédaction à combler.

Mais je viens combattre le projet en lui-même. Ainsi que je le faisais observer tout à l'heure, il s'agit de trois demandes d'impôts, dont deux frapperaient les assurances sur la vie et le troisième les constitutions de rentes viagères. Je vais les examiner séparément et successivement.

L'IMPÔT SUR LES PRIMES ANNUELLES D'ASSURANCES.

C'est exactement le projet abandonné de 1863, sauf que le montant de la taxe est porté de 6 00/00 à 1 0/0 ou, s'il faut y ajouter les deux décimes et demi, ce que ne dit pas le projet, mais ce qu'il sous-entend, à 1 fr. 25 c. 0/0. Le montant de la taxe proposée est donc plus que doublé.

Le plan de ma discussion est ici tout naturellement tracé. Je n'ai qu'à reprendre un à un les quatre arguments au moyen desquels j'avais réussi à faire abandonner le projet de 1863, et à rechercher s'ils ont conservé assez de puissance pour faire repousser le projet de 1875, nonobstant le changement des circonstances.

Je ne méconnais pas le très-grave changement de circonstances qui résulte de l'état de nos finances et des besoins du trésor public. Je me tiens en garde contre la banale disposition de tous les intérêts menacés par l'annonce d'un impôt à en contester le principe ou l'opportunité. La crainte de céder, même à mon insu, à cette disposition vulgaire m'a fait hésiter à prendre la plume, et je ne m'y suis décidé qu'après une étude approfondie de la question. S'il m'était démontré que le trésor public dût trouver, dans une taxe de 1 0/0 sur les primes d'assurances, une ressource sérieuse, qui ne fût pas au détriment d'intérêts publics plus élevés et des intérêts mêmes du

Trésor plus largement compris, je supplie le lecteur d'être persuadé que je garderais le silence, en conseillant aux Compagnies d'assurances sur la vie de subir sans protestation les entraves qu'on propose d'apporter à leurs opérations.

Mes travaux économiques ont d'ailleurs donné à mon nom une notoriété très-modeste sans doute, mais dont je suis assez jaloux pour ne pas vouloir, lorsqu'il s'agit des intérêts de l'État, la compromettre au service d'un intérêt particulier, si respectable qu'il soit.

C'est donc uniquement en économiste, me plaçant au point de vue des intérêts sociaux et des intérêts bien entendus du trésor public, que je viens présenter les observations qui vont suivre.

Cela dit, j'entre en matière.

I

L'institution des assurances sur la vie, écrivais-je en 1863, commence à peine à pénétrer dans les mœurs françaises, après quarante ans d'efforts stériles. Il serait d'une mauvaise politique de paralyser par des exigences fiscales l'essor de cette institution bienfaisante. J'ajoutais en propres termes : Gardez-vous d'inquiéter une institution *naissante ;* laissez-la progresser en liberté.

Cet argument ne semble plus de saison. Du moins ne peut-il pas être reproduit dans les mêmes termes. Il est certain que, depuis douze ans, et, à la faveur même de la liberté, l'institution a beaucoup progressé. Cependant, si elle n'est plus *naissante*, elle est encore dans son enfance. Elle est très-appréciée des négociants qui ont une large aisance et des chefs de la grande industrie. Elle commence à pénétrer dans les couches inférieures de commerçants. Hors de là, dans l'immense famille des fonctionnaires et des employés, bien peu de chose ; dans les classes laborieuses, à peu près rien ; dans les classes des propriétaires fonciers, rien. Les propriétaires n'ont pas encore compris le mérite d'une opération qui doit mettre leurs enfants à l'abri de la gêne de deux années au moins dont toute ouverture de succession est suivie ; qui fournit, en argent comptant, la somme nécessaire pour l'acquit des frais funéraires, des dettes courantes, des droits de mutation, des petits legs, des gratifications, des soultes de partages, etc.

Je disais, en 1863 : « Parmi les membres du Conseil d'État et du Corps législatif, à qui s'adresse particulièrement cet écrit,

BIBLIOTHÈQUE NATIONALE B.F. IMPRIMÉS

combien s'en trouve-t-il qui aient contracté personnellement une assurance sur leur vie ? Je ne crains pas d'affirmer que le nombre en est minime. En Angleterre, dans les situations analogues, les exceptions seraient à constater en sens inverse. »

Je pourrais faire encore aujourd'hui la même affirmation.

Au surplus, voici deux chiffres : La plus ancienne Compagnie d'assurances *contre l'incendie* a 580,000 contrats en cours. La plus ancienne Compagnie d'assurances *sur la vie* en compte 20,000 ; et le nombre des Compagnies contre l'incendie est au moins triple, sans compter les mutualités, de celui des Compagnies sur la vie.

Donc j'ai le droit de répéter que l'institution est dans son enfance, et l'argument subsiste.

J'ajouterais volontiers :

La meilleure preuve que l'institution

n'est pas encore entrée dans nos mœurs, c'est qu'il puisse être proposé de la taxer. En Angleterre, où elle a reçu de si magnifiques développements, le législateur, loin de songer à la taxer, ajoute chaque jour, au contraire, aux faveurs dont elle est l'objet. Une loi récente, un acte du Parlement du 9 août 1870, porte ce qui suit :

« Art. 10. — Une femme mariée peut effectuer pour son usage séparé une police d'assurance sur sa propre vie ou sur celle de son mari ; elle en aura tout le bénéfice si c'est la stipulation du contrat, et le contrat aura autant de force que s'il était fait avec une femme non mariée.

» Une police d'assurance faite par un homme marié sur sa propre vie, avec la stipulation qu'elle est faite au profit de sa femme, ou de sa femme et de ses enfants, ou de l'un ou plusieurs d'eux, aura l'effet de garantir son bénéfice à la femme pour son usage séparé, ou aux enfants désignés. Elle ne sera pas soumise au contrôle des créanciers du mari, et ne formera pas part de sa succession..... »

Veut-on voir maintenant les faveurs de la loi fiscale? Le montant des primes d'assurances sur la vie du mari ou de la femme, en tant qu'il ne dépasse pas le sixième du revenu, *est déduit* du revenu soumis à l'*Income-Tax*. Si ta taxe du revenu a été payée, le Trésor anglais en accorde un *dégrèvement* proportionnel au montant des primes d'assurances. Le Trésor délivre lui-même les formules qui recevront la déclaration des assurances contractées et des primes payées. (Article 54 de l'acte du Parlement du 28 juin 1853; cette disposition est toujours en vigueur.) Ainsi en Angleterre, où il y a un assuré sur 40 habitants, non-seulement l'institution est exemptée d'une taxe spéciale, mais elle procure un dégrèvement sur les taxes générales. En France, où l'on compte à peine un assuré sur 350 habitants, on vient proposer de la taxer.

Mais, vont dire les auteurs du projet, une taxe de 1 0/0 sur les primes est-elle de nature à entraver sérieusement le développement de l'institution ? Toute la question est là. On a pu manifester, à l'occasion de l'impôt qui a frappé les assurances contre l'incendie, les mêmes appréhensions, qui ne se sont pas réalisées.

J'accepte la question ainsi posée, et il ne me sera pas difficile de montrer le vice de la comparaison.

D'abord, les assurances contre l'incendie n'avaient plus de progrès à faire dans les mœurs. Le besoin en était universellement senti. Elles étaient devenues la forme la plus élémentaire et la plus vulgarisée de la prévoyance personnelle.

En second lieu, les primes d'assurance contre l'incendie sont extrêmement modiques en France, excepté sur les risques industriels. Elles se calculent par mille et par fractions de mille. A Paris, la prime d'assurance d'un immeuble ne dépasse pas 20 centimes par 1,000 francs ou 20 francs pour un immeuble de 100,000 francs. 20 francs, c'est un peu plus que la moyenne générale des primes. La taxe de 10 0/0, indépendante du timbre, produit sur cette moyenne un supplément de 2 francs. C'est un très-gros impôt de quotité, que j'estime parvenu à sa plus extrême limite; la perception en est très-gênante, très-incommode, parfois très-onéreuse pour les compagnies. La taxe elle-même n'impose pas aux assurés un sacrifice très-sensible. Il est certain, cependant, qu'elle commence à devenir une difficulté sérieuse pour les Compagnies françaises en présence de la concurrence étrangère, surtout à l'égard des risques industriels qui la supportent fort impatiemment.

Les primes des assurances sur la vie sont très-chères. Elles se calculent, suivant les âges, depuis 2 1/2 jusqu'à 5 et 6 *pour cent* de la somme assurée. L'assurance de 100,000 francs, au lieu de coûter 20 francs, en coûte au moins 3,000. Une taxe de 1 0/0, avec les deux décimes et demi, cela fait 37 fr. 50 c. par an, ce qui est déjà sensible.

Mais ce n'est pas tout, et voici le principal danger. Qui garantira l'assuré que le Trésor, une fois entré dans cette voie, s'y arrêtera? qu'il ne doublera pas, qu'il ne triplera pas la taxe? Les nuées d'agents des Compagnies étrangères n'auront pas besoin de beaucoup d'habileté pour entretenir et exploiter cette inquiétude bien naturelle.

Il convient ici de distinguer entre les contrats déjà souscrits et ceux qui seraient à souscrire. Les auteurs du projet ignorent peut-être — tant l'institution est encore mal connue en France ! — qu'à la différence des autres assurances, les primes des assurances sur la vie *ne sont jamais recouvrables par voie de contrainte*. Le paiement en est toujours facultatif. L'assuré n'est point obligé, il est constamment libre d'abandonner ou de résilier son contrat, dont chaque paiement de prime est en quelque sorte le renouvellement pour un an. Telle est la loi de l'institution dans tous les pays, et il en doit être ainsi, les convenances de famille et les conditions d'aisance qui ont présidé à la formation du contrat pouvant être incessamment modifiées, sans aucun contrôle possible de l'assureur. Le projet vise donc, rétroactivement, des contribuables libres de ne pas payer.

Il en est autrement des assurances contre l'incendie. Là, l'assuré est obligé jusqu'au terme du contrat, tant que la chose assurée existe. Armée de la loi qui la transforme en collecteur d'impôts, la Compagnie peut exiger le paiement de la taxe en même temps que celui de la prime. L'assuré récalcitrant ou irrité témoignera vainement sa mauvaise humeur de la rétroactivité d'une taxe qu'il n'avait pas prévue en contractant ; la loi est là, et derrière la loi, le juge.

Qu'on veuille bien me comprendre. Je ne viens pas soutenir que, selon les principes du droit public, le projet soit entaché du vice de rétroactivité. Peu de lois d'impôts échapperaient à ce reproche, s'il était fondé. J'admets que si les besoins du Trésor l'exigent, le législateur a le droit d'atteindre, en y mettant le plus de modération possible, les conséquences *futures* de contrats déjà existants. Il n'en est pas moins vrai qu'en fait, et en la présente matière, la loi proposée aura, aux yeux de l'assuré, un caractère de rétroactivité vraiment irritant et par suite très-périlleux pour la durée du contrat qu'il est libre de résilier. Quand la Compagnie lui fera présenter la quittance de la prime de 3,000 francs, plus celle d'une taxe supplémentaire de 37 fr. 50 c., l'assuré s'écriera: Ce n'est pas cela qui a été convenu. Vous m'avez promis d'assurer 100,000 francs à mes enfants, moyennant que je ferais un sacrifice annuel de 3,000 francs. Aujourd'hui vous me réclamez 3,037 fr. 50 c.; l'année prochaine ce sera peut-être autre chose. Je suis trompé, l'économie de l'opération que j'avais conçue est détruite, et puisque j'ai un moyen de me soustraire à la menace de ces charges successives et croissantes, je l'emploie en résiliant mon contrat. J'aime mieux renoncer à l'opération de prévoyance que j'avais voulu faire.

Le tentateur étranger ne sera pas loin. Il aura souvent soufflé la réponse.

Déjà la proportion des contrats abandonnés ou résiliés est notable. Mille motifs y contribuent : changements dans les conditions de famille, perte de la femme ou des enfants à qui l'on destinait le bienfait de l'opération, revers de fortune, gêne personnelle, autre emploi préféré de ses économies, inquiétudes de la situation politique, déceptions sur les promesses inconsidérées des intermédiaires, émigration, caprice, lassitude, ou tout simplement préférence donnée à une autre Compagnie. De tout cela l'assuré ne doit compte à personne; il est libre et il use de sa liberté.

Quelle serait, par suite des mécontentements causés par la taxe, l'augmentation de cette proportion? Je l'ignore, mais je suis convaincu qu'elle serait très-considérable.

Quant aux affaires nouvelles, il est aisé de prévoir, à plus forte raison peut-être, qu'elles seraient frappées d'une défaveur qui en rendrait la réalisation difficile. C'est là surtout que le tentateur étranger deviendrait redoutable!

J'ai donc le droit de conclure, comme en 1863, que la taxe proposée serait funeste au développement de l'Institution, du moins par les Compagnies françaises.

II

J'établissais, en 1863, que la taxe proposée, en l'état où était alors l'institution, produirait environ 60,000 francs. Je n'avais pas de peine à démontrer que c'était une ressource dérisoire, mise en regard du trouble qu'on allait apporter à l'institution naissante.

Aujourd'hui l'exposé des motifs du projet de loi évalue le produit de l'impôt à 400,000 francs. (L'évaluation de 500,000 francs comprend les constitutions de rentes viagères dont je parlerai plus loin.)

Je rappelle que les résiliements diminueraient le produit prévu dans une proportion ignorée. Mais quand bien même on admettrait le chiffre de 400,000 francs, je dis encore qu'en présence des considérations qui précèdent, de celles peut-être plus graves qui vont suivre, ce serait encore un chiffre dérisoire. Je ne m'étends pas davantage sur ce point.

III

Ici j'espère être entendu même des auteurs du projet de loi, car je n'invoque que les intérêts du Trésor public.

On connaît très-mal la constitution financière des Compagnies d'assurances sur la vie. Elle diffère essentiellement de celle de toutes les autres Compagnies d'assurances.

Dans les assurances maritimes, dans les assurances contre l'incendie, contre la grêle ou autres accidents, le problème de la gestion peut être difficile ou mal résolu, mais il est toujours d'une simplicité extrême. La masse des primes annuelles doit servir à payer la masse des sinistres annuels et des frais annuels ; s'il y a un excédant de primes, c'est un bénéfice immédiatement distribué aux actionnaires, sauf quelques prudentes réserves. S'il y a un excédant de sinistres et de frais, c'est une perte, imputable sur les réserves d'abord, et subsidiairement sur le capital de garantie. Il suit de là que ce capital de garantie, auquel on n'aura recours que dans les années de perte, peut être relativement faible, et peut être représenté, pour la plus grande partie, par de simples signatures ou obligations des actionnaires. Il ne s'accroît pas, et les réserves elles-mêmes ont souvent une limite assez étroite. La loi de 1867 sur les sociétés anonymes n'exige pas que les réserves soient continuées au-delà du *dixième* du capital social, ce qui est très-peu de chose.

Dans la plupart des Compagnies d'assurances maritimes, les actionnaires n'ont versé que le quart ou le cinquième du capital. Une seule Compagnie fait exception : elle a eu à employer deux cinquièmes réalisés. Elle jugeait ce second cinquième exubérant et inutile. Il y a une quinzaine d'années, ayant à modifier ses statuts dans quelques articles, elle profita de l'occasion pour demander l'autorisation de rembourser à ses actionnaires, contre une obligation, ce second cinquième inutile, ou un million. Le conseil d'État s'y est refusé, craignant de diminuer les garanties des assurés. Je crois que le Conseil d'État a commis là une erreur financière : les atteintes qu'a reçues depuis le crédit public l'ont bien démontré. Le million versé et nécessairement placé a subi les vicissitudes des fonds publics ; il a été, à un certain moment, *diminué* de 25 0/0, ou de 250,000 francs. S'il avait été représenté par les signatures des actionnaires, il n'aurait subi aucune diminution, la garantie des assurés eût été plus ample. Quoi qu'il en soit, ce que je veux établir, c'est que les Compagnies d'assurances, *autres que d'assurances sur la vie*, n'apportent que fort peu d'aide au crédit de l'État. Elles contribuent sans doute, dans une large mesure, au progrès et à la sécurité des affaires générales; elles n'ont pas d'influence directe sensible sur le crédit public.

Bien différent est le rôle financier des Compagnies d'assurances sur la vie. D'abord elles reçoivent *des capitaux*, non plus des primes, pour la constitution des rentes viagères. Elles reçoivent aussi des primes, non point des primes destinées à équilibrer seulement, sauf la différence en bénéfice ou en perte, les sinistres de l'année, mais des primes qui excèdent notablement l'expression du risque actuel et annuel.

L'assuré vieillit, l'assuré mourra un jour : une partie de sa prime doit être emmagasinée en prévision de l'échéance fatale. Il faut que les Compagnies placent incessamment ces excédants de primes comme les capitaux des rentiers viagers. Les placements aventureux et industriels leur sont interdits par la prudence, et aussi par les prescriptions de leurs statuts. Elles n'ont guère le choix qu'entre les immeubles, les rentes sur l'État français et les obligations de chemins de fer français.

Si elles achètent ou construisent des immeubles, elles sont frappées de l'impôt annuel de main-morte, au profit du trésor public. Si elles achètent des rentes, qu'elles ne revendent jamais, elles classent les emprunts, elles immobilisent les rentes, elles concourent puissamment à soutenir et à élever le crédit de l'État. Les obligations de chemins de fer sont encore, on le sait, une partie du crédit de l'État.

C'est ainsi qu'une seule Compagnie d'Assurances sur la vie, dont le capital social et les réserves propres dépassent peu 6 millions, est arrivée à posséder en capitaux placés plus de 120 millions, dont plus de 45 millions en rentes sur l'État français, plus de 20 millions en obligations de chemins de fer français, plus de 20 millions en immeubles. Ce qui excède son capital social est naturellement la représentation des engagements qu'elle a contractés. Dans la pratique, on donne aussi le nom de réserve à cette représentation, à cette évaluation des risques en cours. Il est fâcheux que le même mot de réserve s'applique à deux choses aussi distinctes, qui ne correspondent pas du tout à la même pensée. Les réserves statutaires ont été prises sur des bénéfices acquis et constatés. Au lieu de distribuer la totalité de ces bénéfices aux actionnaires, on en a prudemment retenu, entreposé une partie, pour accroître le capital de garantie et faire face à des éventualités de pertes, mais ces réserves appartiennent bien aux actionnaires, et pourraient leur être distribuées, si les statuts n'y faisaient obstacle. Les réserves des contrats, au contraire, n'appartiennent pas aux actionnaires. Leur vrai nom serait : capital d'évaluation des risques en cours.

On voit qu'une Compagnie d'assurances sur la vie est une vaste machine financière qui draine par des milliers de tuyaux les épargnes du public prévoyant pour les accumuler dans le réservoir du crédit de l'État. A mesure que sa clientèle s'étend, elle devient une aide plus puissante, elle ne peut jamais devenir un danger pour le crédit de l'État. Les

Caisses d'épargnes sont un danger, parce qu'aux époques de crises, les demandes de remboursement affluent et se précipitent simultanément. Le trésor public, comme la Banque de France, peut être alors obligé de se défendre par des mesures violentes. Il n'y a pas de crises qui bouleversent assez les lois de la mortalité pour précipiter les échéances d'une compagnie d'assurances. Ces échéances continueront de s'échelonner de mois en mois et d'année en année ; les compagnies se garderont bien de vendre de la rente en baisse, ou n'en vendront que dans les plus strictes limites de leurs besoins. En réalité, ainsi que je le disais plus haut, elles achètent toujours et ne vendent jamais.

On est frappé de l'énorme écart qui existe entre le cours des fonds publics en Angleterre et en France. Je ne parle pas des temps troublés que nous traversons ; à toutes les époques l'écart a été très-considérable. La Bourse de Londres a ses émotions et ses débâcles comme les autres; on remarque cependant que, même dans ces crises, le cours des consolidés baisse peu. On sait mal les raisons de cette fermeté aux cours les plus élevés ; on ne doit pas les chercher seulement dans une supériorité de crédit. La principale raison est une raison de classement. Il reste peu de rente anglaise sur le marché, et pourquoi ? parce qu'une masse immense de rentes est immobilisée dans les portefeuilles des innombrables Compagnies d'assurances sur la vie, et ainsi mise à l'abri des atteintes de la spéculation. C'est pour cela que le cours est si élevé, c'est pour cela qu'il témoigne si peu de sensibilité.

Il faut que les auteurs du projet que

je discute ne sachent pas ces choses, notoires de l'autre côté du détroit, pour qu'ils proposent de contrarier en France le progrès d'un mouvement analogue. Nous avons à peine une dizaine de Compagnies d'assurances sur la vie, et déjà leur concours est loin d'être à dédaigner. Il a été très-sensible dans les souscriptions aux emprunts ; il l'est davantage dans les achats fermes de chaque jour. Ce ne serait pas faire œuvre de financier que de demander 400,000 francs aux primes d'assurances sur la vie. J'adjure M. le Ministre des finances de repousser, dans le seul intérêt du crédit public, ce triste présent.

IV

Enfin, en 1863, je signalais le danger de favoriser la concurrence étrangère. L'argument est devenu bien autrement fort, car ce danger-là s'est accru, à proportion de nos malheurs: La France est inondée d'agents de Compagnies étrangères, d'agents trop souvent français, qui exploitent nos malheurs au préjudice du crédit de la France et au profit du crédit de l'Étranger. A l'heure où j'écris, ils exploitent déjà la simple présentation du projet de loi. Voyez, disent-ils à l'oreille des pères de famille, quelle sécurité vous présente un gouvernement qui, cherchant partout des expédients, fussent-ils du plus maigre produit, comme un débiteur aux abois, demande aujourd'hui d'imposer vos épargnes.

C'est 1 0/0 qu'il vous demande aujourd'hui ; demain ce sera 2 ou 3, vous n'avez aucune garantie contre ces exigences croissantes. Lors du paiement de la somme assurée, c'est un autre impôt, dont la pénurie du Trésor pourra enfler aussi la quotité, qui la réduira. Reconnaissez que nous avions raison de vous mettre en garde contre le crédit de votre malheureux pays. Lisez ce feuillet de votre Journal officiel, — et confiez les épargnes de votre sollicitude paternelle au crédit de la riche Angleterre, de la puissante Allemagne, de la Suisse paisible ou de l'intelligente Amérique. Là vous n'aurez pas à craindre que des financiers à bout de ressources imaginent jamais de repousser vos capitaux et de taxer votre prévoyance.

Oui, c'est douloureux à dire ; à l'heure où j'écris, le feuillet du Journal officiel est déjà le meilleur prospectus des agents de la concurrence étrangère.

On chercherait en vain une garantie dans une disposition analogue à l'article 8 de la loi du 23 août 1871, concernant les contrats d'assurances *contre l'incendie* passés à l'étranger. Il ne sera jamais fait usage en France d'un contrat d'assurance *sur la vie* passé à l'étranger, puisque, ainsi que je l'expliquais tout à l'heure, le paiement des primes est toujours facultatif, les assurés ne pouvant jamais être poursuivis.

Je déclare que si j'étais consulté, je n'apercevrais aucun moyen de saisir la concurrence étrangère pour lui faire payer la taxe.

Il convient que j'entre ici dans quelques explications pratiques.

Les assurances sur la vie ne s'obtiennent que par voie de sollicitations personnelles, de démarches souvent longues et de négociations. Point n'est besoin que l'agent ait un écriteau sur sa porte ni un bureau ouvert, ni qu'il tienne des registres et des écritures commerciales. Point n'est besoin non plus de la célérité d'exécution, de la signature instantanée qu'exigent les assurances maritimes. Les agents et les voyageurs ne sont pas des mandataires, ne sont pas des assureurs. Ils sont de simples correspondants, qui distribuent des prospectus et des tarifs, en offrent l'explication, font des visites, sollicitent, finalement recueillent et transmettent des propositions. Les choses se passent ainsi, même dans les compagnies françaises. Toutes les propositions sont envoyées à Paris, au siége de la direction, qui s'est réservé de les examiner. Tous les contrats sont dressés à Paris, tous les doubles des contrats y reviennent, à Paris seulement est la comptabilité commerciale.

Rien de plus facile que d'organiser ainsi les correspondances d'une compagnie étrangère, aboutissant à un siége unique, à Londres, à Bruxelles, à Genève, ou, hélas! à Strasbourg.

Les préposés du fisc français auront accès au siége des compagnies françaises, à Paris. Là ils pourront tout voir et tout contrôler. La loi française peut donc charger les compagnies françaises du rôle ingrat de collecteur de la taxe. Elle ne peut pas charger de ce rôle les compagnies étrangères, elle n'a aucun accès pour ses préposés à Strasbourg ni à Genève. Le fisc français n'aura pas de moyens de saisir la matière imposable. Vainement sera-t-il évident, par la multiplicité des correspondances adressées au siége de la compagnie à Strasbourg ou à Genève, qu'elle traite en France de nombreuses affaires, l'Administration n'ira pas violer le secret des lettres. Elle n'ira pas pratiquer, au domicile des particuliers, une inquisition illégale, profondément irritante si elle était rendue légale, peu efficace d'ailleurs en l'absence d'écritures commerciales. Je dis plus, elle aura beau savoir pertinemment que M. X. est assuré par une compagnie allemande à Strasbourg, que M. Y. est le correspondant, le voyageur ou le courtier de cette compagnie, elle sera dans l'impuissance d'atteindre l'un ou l'autre. M. X. répondra qu'il est bien libre de se faire assurer à Strasbourg, ce qui est incontestable, et qu'il paie à Strasbourg, où son acte est dressé, toutes les taxes imposées par le gouvernement allemand. *Locus regit actum*. M. Y. répondra qu'en vertu des traités internationaux, il est bien libre de correspondre avec une compagnie allemande, comme est libre tout banquier de Paris qui se charge de transmettre et de placer des fonds à l'étranger. Au besoin, la diplomatie allemande, qui n'est pas commode, viendrait au secours de tous deux.

Reconnaissons-le, la taxe atteindra sûrement et aisément tous les assurés des compagnies françaises. Elle n'atteindra pas les assurés des compagnies étrangères. Ce sera un encouragement nouveau donné à la propagande de la concurrence étrangère. Le drainage des économies du travail français dont je parlais plus haut sera provoqué, par une loi française, à s'opérer au profit du crédit public de l'étranger (1).

---

(1) L'une de ces Compagnies concurrentes s'annonce sous le patronage de trois membres de l'Assemblée nationale de France, lesquels *répondent* de l'exécution de toute décision qui interviendrait contre la Compagnie. C'est sous le patronage de trois députés français que les agents de la Compagnie peuvent déprécier le crédit de la France pour engager les pères de famille français à porter leurs économies en Amérique.

La Compagnie signant aujourd'hui ses contrats en France n'échapperait pas à la taxe, mais rien ne lui

Cette considération me paraît si puissante qu'à elle seule elle me paraît devoir suffire pour faire retirer ou repousser le projet.

On objecterait bien à tort que les intérêts alarmés trouvent des raisons contre tous les impôts proposés, qu'on en aurait pu dire autant des autres assurances, autant des taxes sur les revenus industriels, lesquelles favorisent aussi les placements à l'étranger. Il n'y a pas la moindre comparaison à établir. Quant aux autres assurances, j'ai fait observer qu'elles n'accumulent pas de capitaux d'épargnes, que tout se liquide en une balance annuelle entre les primes et les

---

serait plus facile que d'y échapper en transportant sa succursale à Bruxelles. Alors elle se soustrairait à l'impôt que les trois honorables députés qui lui donnent un appui public auraient peut-être voté contre les Compagnies françaises.

sinistres ; puis les contrats des agences étrangères se dressent, d'ordinaire, en France, ils n'échappent pas à nos lois fiscales, ils subissent nos timbres et nos taxes. Donc, peu de dommage pour le Trésor français. Quant aux revenus industriels, il est fâcheux sans doute qu'on ait été obligé de les réduire par un impôt, les impôts sont toujours fâcheux ; mais, en définitive, il faut bien que les actions et obligations soient possédées par quelqu'un ; elles n'émigreront pas, elles seront toujours saisissables, elles n'échapperont pas à l'impôt. Les réalisations pour placer une partie de sa fortune à l'étranger, quoique devenues assez fréquentes dans les familles opulentes, demeurent très-exceptionnelles, très-peu pratiquées dans les classes laborieuses et de moyenne aisance auxquelles s'adresse l'institution des assurances sur la vie. Là les capitaux acquis n'émigrent pas, mais les économies de la prévoyance paternelle émigreraient volontiers, et la loi proposée leur montre le chemin. Enfin, dans les taxes mises sur les revenus, on a respecté avec raison la rente ; on a senti qu'imposer la rente c'est imposer le crédit public. Je m'inspire de cette même pensée, et la plainte que je fais entendre, je ne l'élève que dans l'intérêt de la rente française et du crédit de l'État.

L'IMPOT SUR LES SOMMES REMBOURSÉES AU DÉCÈS DES ASSURÉS

La question d'une taxe sur les sommes remboursées par les Compagnies, au décès des assurés, est bien différente de celle que je viens d'examiner. Tout d'abord, la taxe atteindrait, ou du moins devrait atteindre, les assurances faites auprès des Compagnies étrangères. Sans doute, le paiement se faisant à l'étranger, la fraude serait facile, et il est à prévoir que le Trésor serait très-souvent frustré, ses préposés n'ayant aucun accès au siége des Compagnies étrangères pour vérifier l'existence des contrats. Je ne garantirais pas que les agents des Compagnies étrangères se fissent toujours scrupule de murmurer cette considération à l'oreille des personnes qu'ils solliciteraient. Du moins ne pourraient-ils pas la publier, la faire valoir ouvertement. Il faudrait une fraude ultérieure, une fausse déclaration des ayants droit de l'assuré ; il n'y aurait aucune économie actuelle de nature à tenter l'assuré lui-même.

La question que les auteurs du projet proposent de trancher par l'article 11, dans le seul intérêt du fisc, a de bien autres aspects. Elle pénètre dans les entrailles du droit civil et dans la législation des successions. Elle touche aux droits des créanciers, à ceux des héritiers à réserve, à la liberté testamentaire et à la quotité disponible, autant qu'aux prétentions de l'enregistrement. L'établissement des assurances sur la vie, en France, étant postérieur au Code civil et à la loi de l'enregistrement, beaucoup de questions litigieuses ont dû se présenter. Un jour ou l'autre, le législateur devra intervenir pour en fixer la solution, sinon pour prescrire des solutions nouvelles. J'incline à croire, en effet, qu'on sera conduit, par l'expérience de l'institution, à de véritables innovations en droit civil, à une extension des droits des femmes et de la liberté testamentaire. Il serait trop tôt pour aborder de tels problèmes qui demandent à être mûris par l'étude et l'observation. Ce n'est pas pour les besoins de la présente discussion que j'écrivais, en 1870 : « Je suis convaincu » que toute législation improvisée sur une » institution qui commence à peine à pénétrer dans nos mœurs aurait beaucoup » plus d'inconvénients que d'avantages... » Laissez faire, longtemps encore, la cou-

» tume et la jurisprudence. Les bonnes » lois sont celles qui suivent les cou- » tumes pour les coordonner, non pas » celles qui les précèdent (1). »

On a vu plus haut les termes de l'Acte du Parlement britannique du 9 août 1870. La femme mariée peut contracter librement une assurance sur sa vie ou celle de son mari. L'assurance contractée par le mari au profit de sa femme ou de ses enfants désignés échappe au contrôle des créanciers *et ne font pas partie de sa succession.* Étrange contraste avec le projet français, qui vient dire, tout au rebours et d'une manière générale : « Les sommes dues » par l'assureur à raison du décès de » l'assuré seront *considérées comme faisant* » *partie de la succession de l'assuré.* »

---

(1) *Précis de l'Assurance sur la vie*, chez A. Anger, éditeur, pages 128 et 129.

Ainsi l'institution qui, pour s'établir, a dû chercher des exemples dans les mœurs de l'Angleterre, irait, pour se propager et se consolider, chercher encore des exemples dans la législation de l'Angleterre en adoptant tout juste les principes contraires.

L'article 10 de l'acte du Parlement du 9 août 1870 se termine par le paragraphe suivant : « S'il est prouvé que la police » a été faite et les primes payées par le » mari avec l'intention de frauder ses » créanciers, ils auront droit à recevoir » *sur la somme assurée* un montant égal » *aux primes ainsi payées.* »

Voilà un merveilleux trait de lumière! Voilà le fruit d'une expérience presque deux fois séculaire, voilà la juste distinction qui devra inspirer en France le législateur futur, et qui en attendant me paraît devoir inspirer la jurisprudence, parce que c'est l'expression même du vrai et de l'équité. Voilà une disposition protectrice des sentiments et des intérêts de la famille. Les créanciers ne pourront jamais saisir *la somme assurée*. Ils ne doivent pas profiter de la mort de leur débiteur. Ils pourront saisir les primes payées en fraude de leurs droits, *et seulement celles-là*, seulement celles qui auront été payées pendant que le débiteur était notoirement insolvable, et ils les recevront *sur la somme assurée*. Le surplus de la somme assurée sera insaisissable. La veuve ou les enfants désignés de l'assuré le recevront, les intentions du père de famille seront respectées, dans ce qu'elles ont eu de respectable et d'exempt d'abus.

Combien nous sommes loin du projet français! On dira qu'il ne s'agit que d'une disposition fiscale, et que c'est seulement *pour la perception du droit de mutation par décès* que la somme assurée sera *considérée comme* faisant partie de la succession. Toutes les autres questions de droit civil sont réservées. Le fisc n'a songé qu'à lui.

Je le comprends bien ainsi, ce n'est pas un article unique d'une loi de finances qui peut avoir la prétention de résoudre de telles questions. Mais je réponds :

Il y a ici un grave désordre d'idées. Quand le législateur ignore et veut ignorer si la somme assurée fait partie d'une succession, il ne doit pas préjuger la question *à l'égard du fisc* en déclarant qu'elle sera présumée en faire partie dans tous les cas, quoi que décident les tribunaux, pour payer *un droit de mutation par décès*. Le mot de *mutation*, en cette matière, choque même le bon sens et la grammaire, car il est bien évident que la propriété de la somme assurée ne passe pas de l'assuré, qui ne l'a jamais possédée, au bénéficiaire par une mutation, comme passe celle d'une chose léguée ou dont on hérite. Tout au plus la propriété passerait du fonds commun de garantie des assurés aux bénéficiaires, en sorte qu'il n'y aurait pas de raisons de principe pour diversifier le taux du droit de mutation.

Il faut donc reconnaître que l'idée qui a inspiré le projet n'est pas une idée juste. Le Trésor désire percevoir un droit fiscal, dans tous les cas, sur les sommes remboursées par les Compagnies d'assurances sur la vie. Examinons la question à ce point de vue, qui est le seul juste.

Il s'agit d'une taxe spéciale sur l'acquit d'une obligation. Il ne s'agit pas d'autre chose, et la *qualité* des bénéficiaires par rapport à l'assuré devrait n'exercer ici aucune influence.

Assurément, devant l'économie politique, dans l'intérêt de l'Institution, que je ne sépare pas de l'intérêt bien entendu du crédit public, la meilleure loi serait la suivante :

« Pendant dix ans, les sommes à payer par les Compagnies d'assurances sur la vie au décès des assurés seront exemptes de tous droits de succession ou de mutation, quand même elles tomberaient dans l'actif d'une succession et quels que soient les ayants droit. »

Ce serait le contraire du projet, ce serait une protection efficace, temporairement donnée à l'institution, comme on protége, par des exemptions temporaires d'impôts, les constructions et les défrichements. C'est un véritable défrichement d'un sol longtemps bien aride, et bien résistant encore, qu'ont entrepris les Compagnies d'assurances sur la vie. Dans dix ans, le législateur jugerait s'il y aurait lieu de prolonger la protection, ou de demander à l'institution, suffisamment développée, une ressource directe pour le fisc. C'est là ce qui serait une mesure large et habilement prévoyante.

Si le Trésor est trop pressé, si l'on veut absolument trouver dans les assurances sur la vie un produit actuel, tout au moins doit-on se bien garder d'appauvrir et de tarir la source elle-même.

Subsidiairement, je suggérerais donc l'idée d'une taxe spéciale et uniforme de 1 0/0 sur les sommes remboursées, la loi exprimant que cette taxe exempterait de tous droits de mutation ou de succession.

C'est la taxe que l'enregistrement prétend percevoir dans la ligne directe, Le Trésor n'éprouverait donc là aucun préjudice quelconque.

Dans tous les autres cas, le projet est menaçant.

Qu'il me soit permis de présenter ici quelques observations, puisées aux sources des sentiments les plus sacrés, des convenances les plus respectables de la famille.

L'usage se répand de plus en plus, dans les contrats d'assurance sur la vie, d'attribuer d'abord et par préférence *à la veuve* le bénéfice du contrat. J'estime que c'est un usage très-louable, et j'ai toujours conseillé de faire ainsi. La clientèle des Compagnies d'assurances sur la vie est composée, en immense majorité, des hommes qui gagnent de l'argent, qui doivent leur aisance à leur travail et n'ont qu'une très-modique fortune acquise. Dans ces conditions, la femme n'a elle-même que très-peu de fortune personnelle et n'a eu qu'une dot fort modique. J'ajouterais volontiers : il est bon qu'il en soit ainsi, et que la jeune fille pauvre soit recherchée par l'homme intelligent et laborieux. Le mari réfléchit donc que s'il venait à mourir prématurément, bien qu'ayant contracté une assurance, la compagne de sa vie, la mère de ses enfants demeurerait pauvre à la majorité de ses enfants, auxquels elle aurait à remettre la somme assurée, dans la dépendance desquels elle tomberait. Il préfère que la somme assurée demeure la propriété de sa veuve. Il a raison. Ce n'est pas, à proprement parler, une libéralité, ce n'est pas un legs, ce n'est pas une somme retirée du patrimoine de ses enfants. C'est le but même de ses sacrifices et de l'opération qu'il contracte. Je ne sais au monde rien de plus respectable, et quand je vois la fréquence de ces pures inspirations du dévouement et de la tendresse conjugale dans les classes bourgeoises, je me sens, je l'avoue, amené à une véritable estime des mœurs trop décriées de mon temps. Je signe tous les jours un certain nombre de contrats ainsi rédigés, dont chacun m'apparaît comme l'attestation d'un bon et honnête ménage de braves gens.

Il est évident que, si la loi fiscale vient frapper la somme attribuée à la veuve d'un droit de 3 3/4 0/0, d'un droit équivalant presque à deux primes annuelles, d'un droit triple de celui que paieraient les enfants, l'opération ainsi conçue méritera moins d'être recommandée ou choisie. Le mari hésitera, il laissera la somme aller à ses héritiers directs, il renoncera peut-être à l'opération, craignant d'ailleurs l'augmentation d'un droit déjà excessif.

Je n'examine pas si le législateur de Frimaire an VII a eu tort ou raison de porter à 3 0/0 le droit sur les avantages faits à la femme. Je rappelle seulement qu'en Angleterre, les avantages faits à la femme, même par legs, sont exempts de tous droits. Il s'agit d'un contrat nouveau, innommé, *sui generis*, d'une somme qui n'est pas retirée du patrimoine, qui est comme la création d'une pensée spécialisée de sacrifice. Le législateur nouveau ne doit pas contrarier par les exigences du fisc cette pensée spécialisée.

Que sera-ce, si le bénéficiaire est un frère ou une sœur ! Voici qu'un homme dont l'industrie est prospère songe qu'il a une sœur pauvre. Il ne voudrait pas la laisser dans la détresse ; il ne voudrait rien retirer, par un testament, du patrimoine de ses enfants. Il a la merveilleuse ressource de l'assurance : il s'impose un sacrifice sur son superflu, sur son aisance, sur ses plaisirs ; il contracte une assurance au profit de sa sœur. Quoi encore de plus touchant et de plus louable! Il meurt, et le fisc demande à cette sœur pauvre un droit de plus de 8 0/0, qui dévorera près de quatre des primes consacrées par l'assuré à cette pieuse destination, et peut-être bien davantage. N'est-ce pas propre à détourner le frère de contracter l'opération ?

Si le bénéficiaire est un collatéral plus éloigné, un filleul, un étranger à la famille légitime, le droit atteindra le taux énorme de 11 1/4 0/0. Il sera fait pour décourager entièrement. Or, les assurances sur la vie, institution de haute moralité, ne se détournent pas de leur mission lorsqu'elles servent à la réparation de certaines fautes de jeunesse, qu'il est difficile, et plus fâcheux, de réparer autrement. Un mari, un père de famille, devenu irréprochable dans sa vie privée, peut avoir commis de ces fautes. Il peut avoir gardé le souvenir repentant d'une femme autrefois séduite, d'un enfant naturel non reconnu : que fera-t-il? Faudra-t-il qu'il révèle, par un testament, à sa compagne légitime et à ses enfants légitimes la faute ignorée, les forçant de compter avec ces légataires offensants ? Faudra-t-il qu'il détourne à cet effet une partie de son patrimoine ? Non, l'assurance lui offre encore une précieuse et discrète ressource. Il serait déplorable de le décourager d'y recourir.

Et que dire des diverses combinaisons d'assurances mixtes, d'assurances de débiteurs et de contrats de garantie, pour lesquels le droit de 11 1/4 0/0 serait véritablement exorbitant ? Le fisc n'y gagnerait rien, par l'excellente raison que ces affaires deviendraient impossibles, — en France.

Législateurs ! ménagez du moins, si

vous ne voulez pas la protéger, cette belle institution qu'on vous demande de frapper. Demandez, s'il le faut absolument, un droit modéré de **1 0/0** à tout remboursement opéré au décès de l'assuré par les Compagnies. Ce sera, pour le Trésor, un produit qui sera progressif, à proportion des progrès de l'institution. Ne faites pas davantage. Ce serait une faute économique et financière, car je ne me lasserai pas de vous le répéter, les intérêts de l'institution sont les intérêts du Trésor public et du crédit de l'État.

L'IMPOT SUR LES CONSTITUTIONS DE RENTES VIAGÈRES.

J'arrive à l'impôt sur les constitutions de rentes viagères *par les Compagnies françaises,* dont le projet de loi se propose de retirer 100,000 francs. Je dis *par les Compagnies françaises,* qui jouiraient seules en effet du privilége d'une taxe gênante sur leurs opérations. La taxe n'atteindrait ni les constitutions de rentes viagères faites par les particuliers, ni celles qui seraient faites par des Compagnies étrangères, attirant à l'étranger les capitaux, ni celles enfin qui sont faites par l'État lui-même. Il est bon de savoir qu'en cette matière, l'État est devenu le concurrent des Compagnies françaises, par sa Caisse publique de la vieillesse, et dans les conditions que je vais expliquer tout à l'heure. Lorsque l'État demande d'imposer les Compagnies françaises, il est exactement dans la situation d'un industriel qui demanderait d'imposer, et à son profit, ses concurrents.

Il y a là, on en conviendra, quelque chose qui blesse l'équité naturelle.

N'était cette considération, si l'État renonçait à constituer des rentes viagères, et à les constituer à des taux onéreux pour lui et inaccessibles aux Compagnies, on pourrait n'avoir pas d'objection de principe à l'établissement d'une taxe modérée sur les constitutions de rentes viagères. Le développement de ces opérations n'est pas un intérêt social, comme celui des assurances sur la vie.

Il convient toutefois de faire remarquer que, malgré l'apparence contraire, c'est ici une taxe du revenu, n'atteignant que des vieillards. On peut réputer que la rente viagère est moyennement de 10 0/0 du capital versé. C'est le taux correspondant, dans les tarifs actuels des Compagnies françaises, à l'âge de soixante et un ans. La taxe de 1 0/0 du capital équivaudrait donc à 1 0/0 de la rente. Il est clair que le vieillard qui apportera 4,000 francs à une Compagnie, averti que l'État va lui demander un impôt de 40 francs, n'aura plus que 3,960 francs disponibles. Au taux de 10 0/0 la Compagnie ne pourra lui constituer que 396 francs de rente viagère, au lieu de 400 francs sur lesquels il comptait d'après le tarif. S'il ne se retire pas mécontent en remportant son argent pour aller frapper à d'autres portes, c'est bien 4 francs de rente qu'il perdra par la taxe, en sorte que le projet frappe en réalité le revenu viager — quand il est constitué par une Compagnie française, — d'une taxe annuelle de 1 0/0.

Or, si l'opération, en elle-même et considérée dons son essence, inspire au moraliste peu de sympathie, elle est le plus souvent nécessitée par des situations et des besoins respectables. Les gens riches, ou aisés, qui, pouvant faire autrement, aliènent par égoïsme et de gaieté de cœur leur fortune au détriment de leurs neveux, sont rares. Les pères de famille qui dépouillent leurs enfants, beaucoup plus rares encore, — excepté à la Caisse publique de la vieillesse, où ils sont incités à préparer à tout âge et dès la jeunesse l'aliénation de leurs économies. C'est la détresse ou au moins la malaisance, l'isolement, les revers de fortune, les chagrins, l'impuissance à rien gagner désormais qui déterminent le plus grand nombre des rentiers viagers à s'assurer des ressources pour la vieillesse, et le projet de loi n'atteindrait que des situations pour la plupart bien modestes.

Ces vieillards craintifs seront peut-être, par tempérament et par l'effet même de l'âge, la classe la plus portée à se révolter contre l'annonce d'un impôt nouveau; mais si le besoin les presse, il leur faudra bien le subir. Il est assez peu probable que pour une différence de revenu de 1 0/0 ils aillent se jeter dans les bras d'une Compagnie étrangère. J'incline donc à croire qu'il n'y aurait pas là une grave menace pour les compagnies françaises ni, par suite, pour le crédit de l'État, soutenu directement par les achats de rentes des Compagnies. Assurément, je suis d'avis qu'il est d'une mauvaise politique d'en courir le risque.

d'inquiéter des vieillards et de diminuer leurs chétives ressources, en vue d'un misérable produit évalué 100,000 francs par les auteurs du projet, auquel il serait plus sage et plus humain de renoncer. Néanmoins, je ne me sentirais pas le courage de combattre bien vivement ce projet insignifiant, — si l'État n'était pas le concurrent des Compagnies.

Mais voici que ce vieillard, que j'ai supposé apportant ses 4,000 francs dans les bureaux d'une Compagnie, apprend là que l'État lui impose une taxe de 40 francs plus 2 fr. 40 c. de timbre. Irrité et reprenant son argent, il lit en sortant le prospectus de la Caisse publique de la vieillesse. Il apprend qu'il n'a qu'à se rendre au bureau de la Caisse des dépôts et consignations. Là on recevra ses 4,000 francs sans lui faire payer la taxe de 40 francs, ni le timbre.

Je dis que l'État, qui après avoir accepté une pareille situation de concurrence contre les Compagnies qu'il autorise, qu'il devrait protéger et qui en réalité protégent son crédit, viendrait, par surcroît, taxer à son profit les placements faits aux Compagnies, commettrait un acte repoussé par la conscience publique.

Je n'ai pas attendu l'occasion présente pour dire ce que je pense de cette Caisse publique.

J'écrivais, en 1872 : « Ce n'est pas à la » Caisse de la vieillesse que, même céli- » bataire, à plus forte raison père de fa- » mille, j'irais volontairement verser mes » économies. Je n'ai aucun goût pour » cette caisse » (1). J'insistais un peu plus tard sur les mêmes aperçus : « Je ne

(1) *Les Caisses de prévoyance*, p. 121, chez Anger, libraire.

» louerai pas la Caisse de retraites pour » la vieillesse. Plus volontiers, j'en con- » damnerais la pensée inspiratrice.....

» Que dans la force de l'âge et du travail, » dès la jeunesse peut-être, un homme » vienne d'avance donner à ses écono- » mies ce but lointain d'une rente via- » gère, aliénant son capital à mesure qu'il » le produit, c'est une opération que j'es- » time injustifiable. Il est donc déjà ré- » solu à ne jamais fonder une famille et » à vieillir dans l'égoïsme du célibat (1) ? »

Le temps me manque aujourd'hui pour développer ce côté social et moral de la question. Je le ferai quelque jour. Je me borne à dire ceci. Il est certain qu'en fait l'État a une caisse publique, fondée d'abord en vue d'assurer des ressources à l'avenir

---

(1) *La Querelle du capital et du travail*, p. 86, chez Anger, libraire.

des ouvriers par des épargnes successives, mais trop souvent détournée de sa destination, où l'on reçoit jusqu'à 4,000 francs à la fois, ce qui n'est pas l'épargne annuelle de l'ouvrier, où l'on constitue jusqu'à 1,500 francs de rente viagère, où l'on offre aux rentiers, sans s'inquiéter de leur aisance ni de leur profession, des taux supérieurs à ceux des Compagnies, où l'on fait, en un mot, aux Compagnies une redoutable concurrence. L'État ne peut pas imposer à son profit les placements faits aux Compagnies.

Et je dirai à M. le ministre des finances, en terminant ce Mémoire, je dirai aux membres de la Commission du budget, et après eux à tous les membres de l'Assemblée nationale : Prenez garde au gouffre de la dette viagère de l'État. J'ai signalé à plusieurs reprises, dans mes écrits, la profondeur de ce gouffre, que creusent sans cesse les effets de la mauvaise législation des pensions civiles et militaires. Toutes les commissions du budget en sont effrayées; toutes recommandent des réformes, et le conseil d'État est actuellement saisi, par le renvoi d'une proposition faite à l'Assemblée nationale, d'un vaste projet de réforme. Portez un œil vigilant sur la Caisse publique dite de la vieillesse : là aussi se creuse et s'élargit le gouffre de la dette viagère de l'État. Si vous n'avez pas le courage de fermer cette caisse, réduisez au moins les tarifs onéreux qu'elle publie; ramenez-la au but de sa fondation, à l'accumulation des petites économies. La Caisse d'épargnes, qui vaut beaucoup mieux qu'elle comme institution sociale, n'est point autorisée à recevoir 4,000 francs à la fois. Il y a là œuvre de financier à faire; œuvre plus sérieuse et plus profitable au crédit de l'État que de venir demander aux clients des Compagnies françaises, dont l'État est le malencontreux concurrent, un mesquin tribut de 100,000 francs.

BIBLIOTHÈQUE NATIONALE R.F. IMPRIMÉS

FIN.

IMPRIMERIE CENTRALE DES CHEMINS DE FER. — A. CHAIX ET Cie,
RUE BERGÈRE, 20, A PARIS. — 648-5.

DU MÊME AUTEUR

Essai sur les lois du hasard. 1 vol in-18... 3 »

Théorie des annuités viagères et des assurances sur la vie, par FRANCIS BAILY, traduit de l'anglais. 2 vol. in 8°............ 10 »

Précis de l'assurance sur la vie. 1 vol. in-18. 2 »

Nouvelles Observations. Brochure........ » 50

Le Domaine patrimonial et les Assurances sur la vie. Brochure.................... » 50

La Participation aux bénéfices. Brochure. » 50

Réforme internationale du droit maritime. 1 vol. in-12...................... 2 »

Le Commerce maritime et la Voirie. Brochure.............................. 1 »

La Navigation intérieure et la Voirie. Brochure.............................. » 50

Les Sociétés anonymes, examen de la loi du 24 juillet 1867. 1 vol. in-18.................. 3 »

Les Caisses de prévoyance. 1 vol. in-18... 2 »

La Querelle du capital et du travail. 1 vol. in-18.............................. 1 »

Commentaire des Polices françaises d'assurance maritime.................. 3 »

La Protection de la vie des navigateurs. 1 »

Les Caisses de prévoyance et le Clergé.. » 50

Assurance et Loterie..................... » 50

IMP. CENTRALE DES CHEMINS DE FER. — A CHAIX ET Cie, RUE BERGÈRE, 20. — 650-5.

www.ingramcontent.com/pod-product-compliance
Ingram Content Group UK Ltd.
Pitfield, Milton Keynes, MK11 3LW, UK
UKHW020347180726
13839UKWH00002B/975